1978   (3)

actes publiés sur la Mort civile

par M. Delpierre

INSTRUCTION PUBLIQUE.

FACULTÉ DE DROIT DE STRASBOURG.

ACTE PUBLIC,

SUR

LA MORT CIVILE,

Soutenu à la Faculté de Droit de Strasbourg, le Jeudi 4 Juillet 1816, à quatre heures de relevée,

POUR OBTENIR LE GRADE DE LICENCIÉ EN DROIT,

PAR

CHARLES-ÉMILE DELPIERRE,

BACHELIER EN DROIT,

DE RANCOURT, DÉPARTEMENT DES VOSGES.

STRASBOURG,

De l'imprimerie de LEVRAULT, impr. de la Faculté de Droit.
1816.

A MON PÈRE

ET

A MA MÈRE.

COMME UN LÉGER HOMMAGE A LEUR TENDRESSE.

C. E. DELPIERRE.

M. Hermann, Doyen de la Faculté, Chevalier de la Légion
d'Honneur.

EXAMINATEURS :

MM. Thieriet de Luyton,
Arnold,   } Professeurs.
Hermann,
Bloechel.............. Suppléant.

SUR LA MORT CIVILE.

Préliminaires.

La mort civile est la privation totale des droits particuliers à une nation, encourue par suite de la conviction légale d'un crime qui oblige la société dont il étoit membre, à repousser pour toujours de son sein un coupable dont la présence compromettroit la sûreté publique, et qui, autorisant le refus d'accorder désormais à cet individu une bienveillance spéciale dont il s'est rendu indigne, le réduit à l'état de mort relativement à la loi civile proprement dite.

Proprement dite, parce que la mort civile n'ôte à celui qui en est atteint, sa capacité, que relativement aux actes du droit civil, et non à ceux du droit naturel. Le coupable n'est plus membre de la société, mais il n'a pas cessé d'être homme.

Par une conséquence nécessaire de la fiction, la mort civile ne peut être encourue que pour des peines perpétuelles et considérées, au moins généralement, comme irrévocables.

Il faut aussi que le crime ait été poursuivi et déclaré constant, suivant les formes et par les personnes déterminées par la loi ; car nul n'est soumis qu'à la loi, partout où il en existe une.

La mort civile ne peut dépasser les limites du territoire régi par la loi qui l'a prononcée (Arrêt de cass. du 26 Janv. 1807 ; art. 121 de l'Ordonn. de 1629). Un principe contraire attenteroit à la souveraineté des nations.

Jusqu'à la condamnation définitive, la présomption d'innocence milite en faveur de l'accusé ; jusque-là il n'a rien perdu de ses droits. La loi, impartiale et exempte de passions, ne s'arrête qu'à l'évidence; elle accueille et interprète en sa faveur tous les doutes plutôt que de condamner un innocent.

La fiction de mort seroit incomplète si le condamné conservoit avec la société des rapports qu'il auroit eus avec elle pendant sa vie civile : la loi doit donc rompre tous les liens indistinctement qui pourroient encore les unir dans le cours de la mort civile.

C'est de cette espèce de mort civile qu'est frappé le condamné à la mort naturelle; car la fiction se réalise aussitôt qu'elle a lieu.

Les circonstances, et quelquefois des motifs d'humanité, sollicitent une exception à ces principes généraux : nous aurons occasion d'en remarquer dans le cours de cette dissertation.

Après un court historique de la mort civile chez les Romains et dans notre ancienne législation, je m'attacherai aux dispositions actuelles de nos lois sur cette matière.

CHAPITRE PREMIER.
De la mort civile chez les Romains.

Pour jouir à Rome de la plénitude de l'état civil, et y former ce qu'on nommoit *caput*, il falloit être libre, citoyen et père de famille, c'est-à-dire, affranchi de la puissance paternelle. La perte de l'une de ces trois qualités constituoit le changement d'état, *capitis minutio*. Ce changement s'opéroit de trois manières : par la privation de la liberté, qui entraînoit avec elle celle des deux autres; par la perte du droit de cité, duquel dépendoit celui de famille, qui ne laissoit plus par conséquent que la liberté; enfin, par la rentrée sous la puissance paternelle, qui ne faisoit disparoître que les droits de père de famille.

Les deux premiers changemens, appelés *maxima* et *media capitis minutio* (grand et moyen changement d'état), étant les seuls qui produisissent la mort civile, je ne m'occuperai point du troisième.

3

Dans le Droit romain on perdoit la liberté par suite des peines
énoncées (*L.* 29, *ff. de pœnis*; §. 1, *Inst. de cap. demin.*). Justinien, par sa *Nov.* 22, *cap.* 8, ne permit plus d'infliger la peine
de la servitude qu'au majeur de vingt ans qui se laissoit vendre
dans la vue de profiter du prix de son achat, ou à l'affranchi qui
devenoit ingrat envers son patron. (§. 1, *Inst. de cap. demi-
nut.*)

La perte des droits de cité s'opéroit par l'interdiction du feu et
de l'eau, à laquelle Auguste substitua la déportation, c'est-à-dire,
le bannissement dans une île de la dépendance du territoire de l'empire, en vertu de la sentence du prince, et, dans la suite, du préfet
de Rome, qui seuls avoient le droit de donner cet effet au bannissement (*L.* 2, §. 1, *ff. de pœnis*; *Inst.*, §. 2, *de cap. min.*);

Par l'état de transfuge, dans lequel se trouvoient ceux qui passoient volontairement à l'ennemi ou chez les nations qui n'avoient
point de relations d'alliance avec les Romains : ceux que le sénat
avoit déclarés ennemis de l'État, étoient rangés dans la même classe.
(*L.* 4, *L.* 19, §. 4 et 8, *ff. de capt. et post.*; *L.* 5, *ff. de cap. min.*)

La soumission à l'esclavage assimiloit aux choses les personnes
qui en étoient atteintes : on étoit donc soumis alors, sauf quelques
modifications, aux règles générales des biens. (*Inst. de his qui sui
vel alieni juris.*)

Depuis que les condamnations, à la réserve des deux précitées,
ne purent plus produire la servitude, les différences qui en résul-
toient précédemment dans les effets civils de la peine, disparurent.
(Argum. de la *L.* 15, *ff. de interdict. et releg.*; *L.* 1, *C. de repud.
Nov.* 22, *cap.* 8.)

La mort civile n'étoit encourue à Rome qu'à dater de la condamnation définitive et contradictoire, hors le cas de lèse-majesté.
(*LL.* 2, 12, 29, *ff. de pœnis*; *L.* 4, *ff. de cap. min.*; *L.* 2, *ff. de bon.
damn.*; *L.* 13, §. 2, *ff. qui testam. fac. poss.*; *L.* 6, §. 1, *de his
qui not. inf.*, *L. unic. ff. si pend. app. mors int.*; *L.* 20, *ff. de*

accusat.; L. 11, ff. ad leg. Jul. maj.) Cependant l'état d'accusation produisoit sur l'accusé les incapacités suivantes:

De disposer gratuitement entre vifs, dans la vue de la peine (*L. 7, ff. de mort. caus. donat.; L. 8, §. 2, ff. de manumissione*);

De disposer en aucune manière de ses biens dans les deux seuls cas de concussion et de lèse-majesté. (*L. 20, ff. de accusat.*)

La mort de l'accusé avant sa condamnation, à l'exception du cas de lèse-majesté au premier degré (*L. 11, ff. ad leg. Jul. maj.*), éteignoit le crime, sauf néanmoins la poursuite des réparations civiles. (*L. unic., ff. si pend. app. mors int.; L. 6, ff. de publ. jud.*)

Les effets de la mort civile encourue étoient d'imprimer aux coupables une incapacité absolue des droits civils suivans:

De transmettre par succession ou par testament leurs biens, tant antérieurs que postérieurs à la mort civile (*L. 8, ff. qui testam. fac. poss.*). Ils passoient au fisc (*L. 1, ff. de bonis damnat.; LL. 2, 3, 4, 6, ff. de bon. proscript.*), suivant la rigueur des principes du Droit romain, qui rangeoient ces deux capacités au nombre des droits civils. (*Inst. de hæreditatibus, quæ ab intestat.*) Dans la suite l'humanité dicta les dispositions moins sévères de la *L. 10, C. de bonis proscript.* Enfin, par sa Nov. 134, *cap.* 13, JUSTINIEN ne conserva les anciens principes que pour le crime de lèse-majesté, et n'admit plus le fisc qu'à défaut d'ascendans et descendans au troisième degré, et sauf certains droits de la femme.

Le mort civilement ne pouvoit recevoir par testament autre chose que des alimens. (*L. 1, C. de hær. inst. §. 3 et 4, Inst. de leg.*)

Les donations entre vifs, ainsi que la prescription, comme appartenant au Droit civil, me semblent aussi avoir été interdites au mort civilement. (*§. 6, Inst. de usu et hab.*)

Le mariage contracté depuis la mort civile étoit nul de plein droit, quoique le mariage antérieur à la mort civile ne fournît qu'une cause de divorce. (*L. 1, C. de repud.; Nov. 22, cap. 8.*) Cette disposition me semble une des plus singulières du Droit romain, où l'on s'attachoit si strictement à la lettre des principes, que le mariage n'avoit lieu qu'entre citoyens romains (*Inst. de nuptiis*), et que la puissance paternelle étoit dissoute par la mort civile. (*Inst. §. 2, de pat. pot.; §. 1 et 3, quib. mod. jus pat. pot.*)

Le mort civilement ne pouvoit ni donner un tuteur à ses enfans (*L. 73, §. 1, de reg. jur.*), ni être tuteur (*Inst. §. 4, quib. mod. tut. finit*); ses droits à l'usufruit, l'usage et l'habitation. prenoient fin (*Inst. §. 3, de usufr.; Inst. de usu et hab.*); la société se dissolvoit. (*L. 63, §. 10, ff. pro socio.*)

Les morts civilement jouissoient des droits naturels de vente, d'achat, de louage, d'échange, de prêt à intérêt (*L. 15, ff. de interdict. et rel.*), d'occupation, tradition, perception des fruits, d'accession, de servitude (*Inst. lib. secund., tit. 1, 3, 4, 5*), et, par une conséquence nécessaire, des actions qui s'y rattachoient. (*Ibid.*)

La peine s'éteignoit chez les Romains par la grâce du prince, qui avoit droit de rendre le coupable à son ancien état, sans aucune réserve. (*L. 1, C. de sent. pass. et restit.; L. 5, §. 2, ff. de muner. et honor.*)

La plainte du crime pouvoit ordinairement être repoussée par l'exception d'une prescription de vingt ans. (*L. 12, C. de leg. Corn. de falsis.*)

CHAPITRE II.

De la mort civile sous nos anciennes lois.

L'ordonnance criminelle de 1671 avoit attaché la mort civile à toutes les peines perpétuelles.

Ces peines étoient celles de mort, des galères à perpétuité, du bannissement à perpétuité et hors du royaume, et de la prison perpétuelle dans des maisons de force. (RICHER, Traité de la mort civile, p. 25 à 33.)

Les ordonnances de Louis XIV attachoient le même effet à l'émigration ; mais RICHER (Traité de la mort civile, p. 52 à 70, 80 à 98) prétend que ces ordonnances ne sont relatives qu'aux religionnaires fugitifs par suite de la révocation de l'édit de Nantes, et cite des dispositions émanées de ce même prince, postérieurement à celles précitées, suivant lesquelles l'expatriation ne feroit que réduire à la condition d'étranger.

Il existoit encore une autre cause, purement volontaire, de mort civile, la profession en religion, dont les effets, à la vérité, étoient moins étendus, puisqu'elle n'invalidoit point la disposition testamentaire que le religieux auroit faite de ses biens antérieurement à ses vœux, et que ses biens propres n'étoient point soumis à la confiscation, mais passoient à ses héritiers. Le 13 Février 1790, un décret de l'Assemblée nationale a déclaré que la loi ne connoissoit plus d'incapacité civile résultant de la profession en religion.

La mort civile n'avoit lieu qu'en vertu de la condamnation définitive, et à dater du jour de son exécution réelle ou par effigie (RICHER, p. 98 à 102 et 524), excepté pour les crimes de lèse-majesté, de duel, de suicide et de parricide, dans lesquels elle remontoit au jour du délit.

Par suite de ce principe, la mort du coupable avant l'exécution le faisoit décéder *integri status*, et éteignoit toutes poursuites, même civiles, faites en conséquence du crime (RICHER, p. 143) ; il n'y avoit d'exception que pour les quatre cas rapportés plus haut, dans lesquels on pouvoit faire le procès au cadavre. (Tit. 32 de l'ord.° de 1670.)

Jusqu'à la condamnation, le prévenu jouissoit de tous les droits civils, si ce n'est qu'il ne pouvoit recueillir les successions de ceux auxquels il étoit accusé d'avoir donné la mort, ni en recueillir aucune lors du crime de lèse-majesté ; il pouvoit disposer à titre onéreux ou gratuit, lorsqu'il n'agissoit pas dans la vue de frauder le fisc (RICHER, p. 113 à 119, et 132 à 154).

La mort civile encourue avoit l'effet d'annuler les dispositions testamentaires des biens possédés par le condamné antérieurement ou postérieurement à sa condamnation; mais l'ouverture de la succession du mort civilement, quant aux biens antérieurs, n'avoit pas les mêmes effets dans toute la France.

Les provinces de droit écrit suivoient les dispositions des lois romaines. Dans celles de Berry, de Guienne, d'Anjou, du Maine et Bretagne, qui n'admettoient pas la confiscation, les biens passoient aux héritiers, sous la condition d'acquitter toutes les dettes et charges, les amendes et réparations civiles; dans les autres, où la confiscation avoit lieu, les biens étoient dévolus au Roi ou au seigneur haut-justicier, sous les mêmes conditions.

On observoit les lois romaines, quant à la cessation d'usufruit, la dissolution de la société, la conservation des legs viagers, la perte de la puissance paternelle dans les pays de droit écrit.

L'usage et les auteurs avoient consacré en France la maxime que les morts civilement étoient incapables de tester.

Le mariage n'étoit dissous par la mort civile que quant aux effets civils; la loi ne pouvoit seule dissoudre un contrat qu'elle n'avoit formé qu'avec le concours du sacrement religieux. Les enfans nés d'une semblable union, avouée par la loi, ne pouvoient être considérés comme illégitimes; seulement ils étoient incapables de succéder à l'un ou l'autre de leurs parens. Cette privation des effets civils du mariage entraînoit la dissolution de la communauté, et la perte de la puissance maritale, dans les pays coutumiers.

Le mariage postérieurement contracté étoit nul; cependant des arrêts ont décidé que la bonne foi du conjoint pouvoit le valider; mais, comme l'observe RICHER, la preuve de cette bonne foi ne devoit pas être légère, et le respect dû à la loi ne permettoit de lui donner des effets civils qu'à l'égard de l'époux de bonne foi.

On pouvoit être relevé de la peine, ou par la grâce du prince, ou par la prescription du crime.

La grâce du prince, accordée dans des lettres de rémission,

d'abolition, de pardon, de rappel de ban, de rappel des galères, de réhabilitation, faisoit renaître le condamné à la vie civile, en même temps qu'elle lui remettoit la peine.

Les lettres de commutation de peine, suivant RICHER, ne rendoient point la vie civile.

Je serois de son avis, si le prince ne jouissoit pas de la pleine faculté de rendre le condamné à son ancien état. Mais, puisqu'il en jouit, pourquoi la remise de la peine n'entraîneroit-elle pas celle de ses effets? A la vérité, il a pensé devoir à l'ordre public de ne pas rendre, impuni, à la société un individu qui en avoit violé les lois; mais sa rigueur s'est arrêtée là, et ce seroit faire injure à la munificence souveraine, d'étendre la défaveur au-delà de ses expressions : bien loin, il faut, ce me semble, les interpréter de la manière la plus favorable à celui qui en est l'objet. Cette lutte continuelle des cours souveraines contre l'autorité royale les faisoit s'opposer de toutes leurs forces à l'exercice d'un droit qu'elles croyoient humiliant, et qui étoit si propre à diminuer leur autorité. L'opinion de RICHER est d'ailleurs contraire au principe qui veut qu'un mort civilement soit à jamais retranché du corps social.

Le coupable étoit à l'abri de la mort civile, lorsque vingt ans s'étoient écoulés depuis le jour du crime, sans qu'il y eût eu exécution d'un arrêt de condamnation. (RICHER, p. 165 à 170; ord. de 1670, tit. 17, art. 16, 17, 26, 28 et 29.)

La jurisprudence des arrêts a laissé indécise la question de savoir si la mort civile, comme la peine, s'éteignoit par la prescription de 30 ans, à dater du jour de l'exécution. (RICHER, p. 545.)

Jusqu'ici nous avons supposé l'accusé en présence de la justice; maintenant nous allons examiner ce qui se pratiquoit à l'égard des contumaces.

La condamnation par contumace à une peine emportant mort civile, étoit inconnue aux Romains. (L. 1, 4, 5, *ff. de req. vel abs. damn.*)

Les établissemens de Louis IX sont les premiers qui l'aient autorisée en France.

L'ordonnance de Moulins, de 1536, substitua un délai de cinq ans à celui d'un an, accordé jusque-là au contumace pour se représenter ; mais elle conserva les effets pécuniaires de la mort civile, qu'elle faisoit encourir dès l'instant de l'exécution de la sentence.

L'ordonnance de 1670, en conservant ce délai, rendit au contumace absous dans cet intervalle, tout ce que lui avoit fait perdre sa condamnation : passé ce délai, les condamnations étoient réputées contradictoires quant aux biens ; le contumace ne pouvoit plus réclamer que l'absolution de la peine.

CHAPITRE III.
De la mort civile sous nos lois.

L'Assemblée constituante avoit écarté les peines perpétuelles reproduites par notre nouveau Code pénal ; mais sous l'empire de la législation intermédiaire il avoit paru une nouvelle cause de mort civile, qui est devenue sans objet depuis la restauration : c'étoit l'émigration, dont nous ferons la matière de la seconde section de ce chapitre.

SECTION PREMIÈRE.
De la mort civile actuelle.

DISTINCTION I.re
Des conditions préalables.

Maintenant, pour que la mort civile ait irrévocablement lieu, il faut,

1.º Un crime.

Peu importe qu'il ait été commis par des étrangers. (Art. 3, C. c.)

L'esclavage des Nègres des colonies, aboli par le décret de l'Assemblée nationale du 28 Sept. 1791, et maintenu par le décret du 20 Mai 1802, est en France la seule cause qui, sans crime, opère la mort civile.

Un crime ne peut produire cet effet qu'autant qu'il emporte la peine de mort, des travaux forcés à perpétuité, ou de la déportation (Art. 22 et 23, C. c. ; art. 18, C. pén.). Il ne suffit plus, comme autrefois, que la peine soit perpétuelle ; il faut encore qu'elle soit afflictive, et que la loi y ait attaché la mort civile : c'est ainsi que la commutation des deux dernières des peines précitées en une réclusion perpétuelle pour les septuagénaires, n'a pas cet effet. (Art. 24, C. civ. ; art. 70, 71, C. pén.)

Le seul cas d'exception à cette règle est celui des François restés à l'étranger après la guerre ouverte avec celui-ci, ou leur rappel par le Gouvernement : ce crime n'a d'autre punition que la mort civile, d'après les articles 22, 26, 28 et 29 du décret du 6 Avril 1809.

Les articles 17 et 18, §. 2, C. pén., disent que la peine de la déportation consistera à être transporté hors du territoire continental de la France, dans un lieu où le Gouvernement pourra rendre au déporté l'exercice de tout ou partie des droits civils. Par là se trouvent reproduits les principes des Conférences du Code civil, des 24 et 26 Therm. an 9, dans lesquels on ne considéroit la déportation comme une cause de mort civile, que relativement aux lieux autres que celui de la déportation.

2.° Ce n'est pas assez d'un crime ; il faut encore des poursuites dans les dix années révolues, à dater du jour du crime, et, dans un même laps de temps depuis les dernières poursuites, un jugement de condamnation. (Art. 637, C. d'Instr. crim.)

A défaut de ces conditions, l'état du prévenu est et demeure pour toujours intact à raison de ce crime.

Si elles se trouvent remplies, les amendes et les réparations civiles, prononcées par jugement, ont dès-lors toute la force ordinaire. (Avis du Cons. d'état, du 26 Fruct. an 13 ; Arrêt de cass. du 16 Janv. 1811.)

Il y a cette différence entre l'action civile et l'action publique, que, celle-ci s'éteignant par la mort du prévenu, on ne peut rendre au criminel un jugement de condamnation contre un individu mort, tandis que l'action civile, à laquelle est assimilée l'action du trésor public en remboursement des frais de la procédure (Avis précité), peut être exercée contre ses représentans. (Art. 2, C. d'instr. cr.)

3.° Dans les principes de notre Code, comme dans ceux de notre ancienne législation, la mort civile n'est que la suite de la peine, non pas en ce sens qu'elle ne commence qu'après que le condamné a cessé par sa mort d'être soumis à l'action de la peine, ce qui dans tous les cas rendroit la mort civile illusoire ; mais en ce sens, qu'elle a lieu sitôt que la peine atteint le condamné : en sorte que, jusqu'à *l'instant* même de l'exécution, le condamné est *integri status ;* ses actes ne sont soumis qu'aux règles générales du droit ; il meurt dans la pleine jouissance de l'état civil. (Conför. du C. civ., le 26 Therm. an 9.)

Ceci décide négativement la question très-importante en matière de succession, de savoir si le mot *jour* de l'article 26 du Code civil doit se prendre à la lettre.

La peine seroit prescrite, et le condamné à l'abri de la mort civile, si l'exécution ne suivoit pas les vingt années de la date de l'arrêt. (Art. 26, 27, C. civ., et 635 C. d'instr. cr.)

L'ancienne législation françoise, plus stricte observatrice des principes, faisoit, comme nous l'avons vu, remonter la mort civile à l'instant de l'exécution du jugement de contumace : frappés des nombreux inconvéniens qu'il y avoit à ne la considérer comme irrévocable qu'après l'expiration du délai de grâce des cinq années, nos législateurs ont préféré la suspendre jusqu'à cette époque, et ont fixé ainsi qu'il suit l'état civil du contumace dans cet intervalle.

En punition de sa désobéissance à l'appel de la justice, ils lui ont refusé, non pas la jouissance, mais l'exercice seulement des droits civils. (Art. 28, C. civ.)

Le jugement de contumace se trouve anéanti de plein droit avec tous ses effets, et par conséquent avec l'incapacité qui en avoit été la suite, par la mort du condamné ou sa reparution en justice. Dans ce dernier cas il est traité comme un simple prévenu (art. 29 et 31). Il en résulte que les actes par lui faits jusque-là, sont aussi valables que s'ils avoient été faits par toute autre personne.

La loi ne reconnoissant aucun des actes du condamné pendant tout le temps de sa contumace, elle l'a, sous le rapport de ses biens et de ses droits civils, assimilé à l'absent, si ce n'est que la contumace est, de plus que l'absence, une cause de séparation de corps. (Art. 232 et 306, C. civ.)

De cette identité il suit que, jusqu'à l'expiration du délai de cinq ans, qu'on peut avec raison comparer à celui nécessaire pour rendre le jugement de déclaration d'absence, qui préjuge aussi la mort; jusqu'à ce temps, dis-je, il sera pourvu à l'administration des biens du contumace, ainsi qu'il est prescrit aux art. 112, 113, 114, C. civ., mais toujours à l'exclusion du fisc, quoi qu'en ait dit l'avis, un peu fiscal, selon moi, du Conseil d'état, du 20 Sept. 1809 : car les Conférences du Code civil font voir clairement que l'intérêt du trésor public n'entroit pour rien dans les motifs de cette disposition.

Après avoir développé les conditions préalables de la mort civile, nous passons à ses effets.

DISTINCTION II.
Des effets de la mort civile.

Les effets de la mort civile sont d'enlever au condamné la capacité des droits politiques, dont l'exercice avoit été suspendu depuis sa mise en accusation. (Art. 4 et 5 de la constitution de l'an 8.) Les droits civils dont il est privé sont ceux ci-après.

Il ne peut transmettre par testament les biens qu'il possédoit avant sa mort civile. (Art. 25, C. civ.)

La succession des biens qu'il possédoit antérieurement, est ouverte au profit de ses héritiers, auxquels ses biens passent sous les mêmes charges et conditions qu'en cas de mort naturelle. (Art. 25 et 718, C. civ.) Par conséquent tous les intéressés peuvent exercer tous les droits et actions auxquels sa mort naturelle donne-roit ouverture. (*Ibid.*)

Par une conséquence nécessaire de l'ouverture de la succession du mort civilement, il perd les droits d'usufruit, d'usage et d'ha-bitation. (Art. 617 et 625, C. civ.)

Il a été observé que, sous l'ancien régime, le mariage existant, quoique privé désormais des effets civils, n'étoit pourtant pas dis-sous par la mort civile. Aujourd'hui que le divorce est derechef prohibé par la loi du 8 Mai de la présente année , et que l'indis-solubilité du mariage est reconnue par là en France, il faut suivre les principes ci-dessus à l'égard du mariage déjà contracté. Au surplus, la nouvelle loi est encore incomplète, et il est à supposer qu'elle sera complétée à la prochaine session des deux Chambres législatives.

Voyez, quant à l'extinction des effets civils du mariage, les ar-ticles 25, 384, 390, 1425, 1429, 1441, 1442, 1452, 1462, 1517 du Code civil.

Les legs viagers ne prennent point fin par la mort civile. (Art. 1982, C. civ.) Aucun texte de la loi ne disant que le paiement en sera continué aux seuls héritiers, rien ne s'oppose à ce que la sim-ple portion alimentaire soit due au mort civilement, qui peut ac-quérir, et à plus forte raison conserver, à ce titre. Cette disposition, dictée par l'humanité, est d'ailleurs celle des anciennes lois.

La tutelle, la curatelle (art. 443 et 509, C. civ.), le mandat (art. 2003, *ibid.*), la société (art. 1865, *ibid.*), prennent fin par la mort civile.

Maintenant que la loi a rompu tous les liens qui unissoient autrefois le mort civilement à chacun de ses membres, elle lui laisse recommencer une nouvelle vie, avouée seulement par le droit naturel.

Par conséquent il ne peut recueillir par succession (art. 25, Code civ.), mais on peut le représenter (art. 744, *ibid.*); ni par testament, ou donations entre vifs, si ce n'est pour cause d'alimens: mais cette dérogation à la règle ayant l'humanité pour motif, il s'en suit que, quand le mort civilement ne manque pas du nécessaire, le legs devient caduc. (Art. 208, 209 et 1034, *ibid.*)

Il est également incapable de disposer par testament ou donations entre vifs. (Art. 25, C. civ.)

La succession des biens acquis par lui postérieurement à la mort civile, est dévolue à l'État par droit de déshérence, c'est-à-dire, parce que la loi ne lui reconnoît plus de parenté civile. L'État est néanmoins le seul préférable aux héritiers naturels. (Arrêt de cassation, du 26 Janvier 1807.)

Il existe, ce me semble, une contradiction entre cette seconde disposition et celle qui adjuge aux héritiers naturels les biens possédés avant la mort civile.

Ou la transmission par succession est de droit civil, ou elle est de droit naturel.

Dans le premier cas, le condamné mourant, soit réellement, soit fictivement, dans les liens de l'incapacité civile, devient par conséquent incapable de transmettre par succession à ses héritiers; donc la dernière des deux dispositions seroit alors la seule juste.

Dans le second cas, le condamné pourroit toujours transmettre sa succession à ses héritiers naturels; car la loi n'a pas détruit entre eux les liens de la parenté naturelle. Alors la transmission des biens antérieurs seroit juste, et celle des biens postérieurs ne le seroit pas. Mais, puisqu'on a suivi ce second principe à l'égard de celle-là, il n'étoit pas besoin de tant invoquer l'autorité des principes pour faire adopter dans celle-ci une règle qui, d'après l'aveu des orateurs du Gouvernement et du Tribunat, est contraire à l'humanité, et, si je puis le dire, ne faisoit pas grand honneur au désintéressement du Gouvernement, quoiqu'elle ait été modifiée par l'invitation qui lui étoit faite de la remettre aux parens ou à la veuve du condamné.

Je dois ici mon tribut d'hommages à cette disposition bienfaisante et libérale de notre Charte, qui, dans l'art. 66, a donné une nouvelle garantie à la sûreté des citoyens riches et puissans, par l'abolition totale du droit de confiscation, déjà repoussé par l'Assemblée constituante, et renouvelé par notre Code pénal, contre les criminels d'État.

Le mort civilement ne peut plus être tuteur, ni membre des conseils de famille. (Art. 443 et 445, C. civ.)

Il ne peut être témoin,

1.° Dans un acte solennel ou authentique. Sa présence en cette qualité les frapperoit de nullité absolue dans les cas où elle est textuellement prononcée par la loi, comme dans le cas d'un testament (art. 980 et 1001, C. civ.); mais elle n'obligeroit ailleurs qu'à la rectification, comme dans les actes de l'état civil. (Arg. de l'art. 1030, Code de proc. civ.)

2.° En justice, même pour donner de simples renseignemens, puisque les condamnés à des peines temporaires, auxquels la loi accorde certainement plus de confiance, n'y sont eux-mêmes admis qu'en cette qualité. La nullité sera déterminée par les dispositions de l'art. 156 du Code d'instr. crim.; voyez art. 171, 176, 189, 211, *ibid.*

Il est déchu du droit de port d'armes, et du droit de servir dans les armées du royaume. (Arg. de l'art. 28, Code pén.)

Il ne pourra être ni juré, ni expert. (*Ibid.*)

Des considérations aussi puissantes que celles qui ont dicté l'article 83 du Code de commerce, ne lui permettent d'être ni agent de change ni courtier.

Le mariage contracté depuis la mort civile est incapable d'aucuns effets civils. (Art. 25, C. civ.)

Cette règle générale est aussi sage que raisonnable : elle doit être suivie toutes les fois qu'un motif aussi puissant que la bonne foi du conjoint ne sollicite pas une exception. Aussi cette exception a-t-elle été posée dans les art. 201 et 202 du Code civil. D'après la discussion au Conseil d'Etat, nous voyons que le cas du mariage contracté par un mort civilement a été supposé par MM. Réal et Tronchet, qui, tous deux, ont été d'avis qu'il étoit validé par la bonne foi du conjoint, que leur opinion n'a point trouvé de contradicteurs, et que les deux articles en question, qui contenoient le vœu du Conseil, ont été rédigés sans y déroger aucunement.

La tutelle officieuse est interdite au mort civilement.

Des considérations plus importantes encore que celles qui ont dicté leur exclusion de la tutelle proprement dite, militent contre eux ici, où on leur accorde toute la puissance d'un père, sans y joindre la surveillance d'un subrogé tuteur. (Articles 361 à 371, Code civ.)

Ce préliminaire accoutumé de l'adoption lui étant refusé, on pourroit inférer de là qu'il est également incapable d'adoption; mais ce n'est pas la seule preuve.

L'adoption appartient tout entière au droit civil ; car ce n'est certainement pas en vertu du droit naturel qu'existent les prohibitions de mariage, et les droits de successibilité, que les articles 348, 350, 351 du Code civil établissent entre l'adopté et l'adoptant. Cette successibilité, d'ailleurs, qui est un des principaux caractères de l'adoption, ne pourroit, sans contradiction, exister ici.

La reconnoissance d'un enfant naturel, faite par un mort civilement, est nulle.

Indépendamment du doute qu'offre la paternité, et par suite l'obligation d'admettre, sur la vérité d'un acte dont lui seul est certain, le témoignage d'un homme flétri par la loi et déclaré par elle indigne de sa confiance, ne peut-on pas supposer qu'il ne l'a fait que pour porter le trouble dans sa famille, si l'enfant est né antérieurement à la mort civile? S'il est né depuis, il ne retirera de sa reconnoissance par son prétendu père aucun autre avantage qu'un déshonneur qui rejaillira sur lui; et cette infamie ne doit-elle pas lui être épargnée par la loi?

La légitimation n'a plus lieu que par mariage subséquent (art. 331, C. civ.) : donc le mort civilement en est incapable.

En laissant à l'homme sa liberté naturelle, la loi n'a point dû le priver de la faculté des actes qui en dépendent. Cette opinion est confirmée par la disposition des §§. 2 et 6 (art. 25), et par la discussion de cet article; elle résulte pareillement de l'article 33.

Ici nous consulterons les lois romaines, comme raison écrite.

Le mort civilement peut louer, acheter, vendre, donner, prendre à bail, et faire en général tous les actes relatifs à la propriété. Il peut aussi prescrire. Cette innovation est fondée sur ce que la loi ne regarde la prescription que comme la suite d'une possession dont les morts civilement peuvent, comme tout autre, accomplir les conditions (art. 2219, 2229, 2230). Ils peuvent former société, être mandataires, pourvu toutefois que les associés ou les mandans aient connoissance de leur état; car ces actes entre particuliers dépendent uniquement de la confiance réciproque : si elle existe, ils sont valables. Mais le défaut de cette confiance, fondé sur l'ignorance de l'état du mort civilement, suffiroit, à mon avis, pour motiver, d'après l'article 1110, la résolution de ces contrats.

La loi ne veut plus de communication immédiate avec le mort civilement : si elle lui permet d'agir en justice, ce n'est que par le ministère d'un curateur spécial, nommé à sa requête par le tribunal où est portée l'action. (Art. 25, §. 6, C. civ.)

DISTINCTION III.

De la restitution contre la mort civile.

La législation moderne étant muette sur cette matière, nous déciderons, d'après les lois anciennes, que la grâce et la commutation relèvent de la peine et rendent la vie civile.

Les peines portées par les arrêts ou jugemens en matière criminelle, se prescrivent par dix années révolues, à compter de la date des arrêts ou jugemens. (Art. 635, C. d'instr. cr.) Mais cette prescription laisse subsister la mort civile. (Art. 641, *ibid.*; 32, C. civ.)

Lorsque le condamné par contumace a laissé expirer le délai de grâce des cinq années, sans se représenter en justice, sa réparution, mais non sa mort, lui rendra la plénitude de ses droits civils, pour l'avenir seulement et à dater du jour de sa réparution, lorsqu'il aura été absous par le nouveau jugement. Tous les actes intermédiaires sont nuls; son incapacité précédente n'est pas détruite, comme s'il avoit reparu dans les cinq ans. (Art. 30, C. civ.)

SECTION II.

De la mort civile encourue par l'émigration.

La loi du 2 Septembre 1792 confisque au profit de la nation, et ordonne la vente des biens des émigrés séquestrés ou devant l'être, en vertu de la loi du 8 Avril même année, sans préjudice néanmoins des droits des tiers et d'une indemnité aux père, mère et enfans dans le besoin.

Le décret du 23 Octobre 1792 bannit à perpétuité les émigrés du territoire françois, et soumet à la peine de mort les contrevenans.

La loi du 8 Mars 1793 a, la première, déclaré les émigrés morts civilement.

Cependant la loi du 24 Vendémiaire an 3, en prescrivant un

nouveau mode pour la poursuite du divorce motivé sur l'émigration, suppose que cette mort civile ne dissolvoit pas de plein droit le mariage antérieurement contracté.

La loi du 12 Ventôse an 8 a décidé que tous les individus inscrits sur la liste des émigrés devoient, à dater de ce jour, être considérés comme des émigrés réels, et ne pouvoient plus être rayés que par forme d'amnistie.

S'ils avoient été précédemment radiés, ils étoient censés n'avoir jamais perdu la qualité de François. (Arrêt de cass. du 23 Germ. an 12.)

Le procès-verbal de la discussion des articles 10 et 22 du Code civil, au Conseil d'État, confirme le principe que les émigrés étoient considérés comme morts civilement, et que les enfans issus d'eux n'avoient aucune espèce d'existence civile aux yeux de la loi.

Leur amnistie subséquente ne validoit même point leur mariage contracté pendant l'émigration (Arrêt de cass. du 16 Mai 1808). Il en étoit de même du testament. (Arrêt de cass. du 8 Germ. an 12.)

Par suite du principe que les lois n'ont point d'effet rétroactif, la charte a déclaré inviolable l'aliénation des domaines nationaux.

Il n'est pas douteux que, dès à présent les émigrés ne jouissent de la plénitude des droits civils et politiques, et puisque la loi du 12 Ventôse an 8 a pu déroger à la loi du 8 Mars 1793 et la rendre de nul effet, nous pouvons avec droit conclure que les émigrés doivent être considérés comme ayant toujours joui de la capacité civile quant aux actes par eux faits jusqu'à leur rentrée sur le territoire françois.

FIN.